À tous les membres de la

L'apprentissage de la lecture est l'une des réalisat
importantes de la petite enfance. La collection *Je*
pour aider les enfants à devenir des lecteurs experts qui aiment lire.
Les jeunes lecteurs apprennent à lire en se souvenant de mots utilisés fréquemment comme « le », « est » et « et », en utilisant les techniques phoniques pour décoder de nouveaux mots et en interprétant les indices des illustrations et du texte. Ces livres offrent des histoires que les enfants aiment et la structure dont ils ont besoin pour lire couramment et sans aide. Voici des suggestions pour aider votre enfant avant, pendant et après la lecture.

Avant

Examinez la couverture et les illustrations, et demandez à votre enfant de prédire de quoi on parle dans le livre.

Lisez l'histoire à votre enfant.

Encouragez votre enfant à dire avec vous les formulations et les mots qui lui sont familiers.

Lisez une ligne et demandez à votre enfant de la relire après vous.

Pendant

Demandez à votre enfant de penser à un mot qu'il ne reconnaît pas tout de suite. Donnez-lui des indices comme : « On va voir si on connaît les sons » et « Est-ce qu'on a déjà lu un mot comme celui-là? ».

Encouragez l'enfant à utiliser ses compétences phoniques pour prononcer d'autres mots.

Lorsque l'enfant a besoin d'aide, lisez-lui le mot qui pose un problème, pour qu'il n'ait pas trop de mal à lire et que l'expérience de la lecture avec les parents soit positive.

Encouragez votre enfant à lire avec expression... comme un comédien!

Après

Proposez à votre enfant de dresser une liste de mots qu'il préfère.

Encouragez votre enfant à relire ses livres. Il peut les lire à ses frères et sœurs, à ses grands-parents et même à ses toutous. Les lectures répétées donnent confiance au jeune lecteur.

Parlez des histoires que vous avez lues. Posez des questions et répondez à celles de votre enfant. Partagez vos idées au sujet des personnages et des événements les plus amusants et les plus intéressants.

J'espère que vous et votre enfant allez aimer ce livre.

Francie Alexander,
spécialiste en lecture
Groupe des publications
éducatives de Scholastic

Pour Timothy, avec amour, de grand-maman
— F.M.

Pour Allison, Blaise, Carly, Douglas, Emily et Zak
— C.S.

Catalogage avant publication de la Bibliothèque nationale du Canada

McNulty, Faith
Animaux en danger / Faith McNulty ; illustrations de Carol Schwartz ; texte français de Lucie Duchesne.

(Je peux lire!. Niveau 3)
Traduction de: Endangered animals.
Pour enfants.
ISBN 0-439-97542-5

1. Espèces en danger--Ouvrages pour la jeunesse. 2. Animaux disparus--Ouvrages pour la jeunesse. I. Schwartz, Carol, 1954- II. Titre. III. Collection.

QL83.M3614 2003 j591.68 C2002-904850-8

Édition publiée par Les éditions Scholastic, 175 Hillmount Road, Markham (Ontario) L6C 1Z7.

5 4 3 2 1 Imprimé au Canada 03 04 05 06

Animaux en danger

Faith McNulty
Illustrations de Carol Schwartz
Texte français de Lucie Duchesne

Je peux lire! — Niveau 3

Les éditions Scholastic

Depuis très, très longtemps,
nous partageons notre Terre
avec les animaux.

Autrefois, il y avait
assez de tout.
Assez de nourriture
et d'eau...

assez de forêts…

de jungles...

et de plaines herbeuses
pour tous les animaux
et tous les êtres humains.

Mais nous sommes
de plus en plus nombreux.
Nous avons besoin
de plus d'espace.
Nos villes et nos routes,
nos champs, nos usines...

et nos maisons envahissent
le monde entier.

Pour certaines espèces d'animaux,
il reste très peu d'espace.
Ces espèces risquent de disparaître.
Ce sont les « espèces menacées
de disparition ».

Les aras...

et les pandas...

les gorilles...

les grizzlys...

les éléphants et les tigres...

les baleines bleues...

et les grands papillons cuivrés.

Ce sont seulement quelques-unes
des espèces menacées de disparition.
Tous ces animaux ont besoin d'un
habitat qui leur convient. Un endroit
où ils seront en sécurité pour vivre
et élever leurs petits.

Si nous prenons trop de leur espace, il viendra un jour où toutes ces espèces auront disparu.
C'est ce qu'on appelle l'« extinction ».
Le couagga, un petit cheval qui vivait en Afrique, a disparu.

Le dronte, un gros oiseau de l'île
Maurice, incapable de voler,
a aussi disparu.
Avant, peu de gens s'inquiétaient
quand une espèce disparaissait.
À présent, bien des gens
s'en préoccupent.

Les espèces menacées de disparition
ont besoin de notre aide.
Il faut des lois pour protéger
ces espèces contre les chasseurs
et les autres dangers.

Il faut protéger les forêts, les jungles et les autres régions sauvages.

Pour sauvegarder l'habitat
des animaux, nous devons
renoncer à certaines choses.

Quand suffisamment de gens
le feront, les animaux sauvages
ne seront plus en danger.

En sauvant l'habitat des animaux,
nous préserverons aussi
une merveille : la nature.